Elisabeth Stiemert

Angeführt! Angeführt!

Überraschungsgeschichten
für Kinder
Mit Bildern von Wilfried Blecher

Gerstenberg Verlag

CIP-Kurztitelaufnahme der Deutschen Bibliothek

Stiemert, Elisabeth:
Angeführt! Angeführt!: Überraschungsgeschichten für Kinder / Elisabeth Stiemert. Mit Bildern von Wilfried Blecher. – 5. Aufl. – Hildesheim: Gerstenberg, 1990.
ISBN 3-8067-4017-8

1. Auflage 1977
2. Auflage 1978
3. Auflage 1980
4. Auflage 1984
5. Auflage 1990

© 1984 Gerstenberg Verlag, Hildesheim
© 1977 Gerhard Stalling AG, Oldenburg und Hamburg
Printed in Belgium
ISBN 3-8067-4017-8

Inhalt

1 Eine Huhngeschichte
2 Eine Quatschgeschichte
3 Eine Hasengeschichte
4 Eine Luftballongeschichte
5 Eine Autogeschichte
6 Eine Waschgeschichte
7 Eine Reimgeschichte
8 Eine Bachgeschichte
9 Eine Birnengeschichte
10 Eine Hundegeschichte
11 Eine Eßgeschichte
12 Eine Ziegengeschichte
13 Eine Mantelgeschichte
14 Eine Anziehgeschichte
15 Eine Storchengeschichte
16 Eine Blättergeschichte
17 Eine Fliegengeschichte
18 Eine Schuhgeschichte
19 Eine Mäusekindergeschichte
20 Eine Apfelgeschichte
21 Eine Eisgeschichte
22 Eine Reitergeschichte
23 Eine Hausgeschichte
24 Eine Geburtstagsgeschichte
25 Eine Turmgeschichte

1 Eine Huhngeschichte

Ein Huhn hat immer sehr gute Laune gehabt.
Jeden Tag hat es fröhlich gesungen.
Am Montag hat es gesungen: »Dideldum und Dideldei.
Heut' lege ich ein Montagsei.«
Am Dienstag hat es gesungen: »Dideldum und Dideldei.
Heut' lege ich ein Dienstagsei.«
Am Mittwoch hat es gesungen: »Dideldum und Dideldei.
Heut' lege ich ein Mittwochsei.«
Am Donnerstag hat es gesungen: »Dideldum und Dideldei.
Heut' lege ich ein Donnerstagsei.«
Am Freitag hat es gesungen: »Dideldum und Dideldei.
Heut' lege ich ein Freitagsei.«
Am Samstag hat es gesungen: »Dideldum und Dideldei.
Heut' lege ich ein Samstagsei.«
Am Sonntag hat es gesungen: »Dideldum und Dideldei.
Heut' lege ich . . .«

Angeführt! Angeführt!
»Heut' lege ich kein Ei«, hat das Huhn da gesungen,
»sonntags mache ich Pause!«

2 Eine Quatschgeschichte

Eine Lehrerin ist aus der Klasse gegangen, und die Schulkinder waren einen Augenblick ganz alleine.
Sie sind von ihren Stühlen aufgestanden.
Sie sind in der Klasse herumgerannt.
Sie sind auf die Tische geklettert.
Sie haben sich auf dem Fußboden gewälzt.
Sie haben ganz dollen Quatsch gemacht.
Und es ist laut gewesen, so laut!
Die Lehrerin hat es draußen gehört. Sie ist ganz schnell gekommen. Sie hat die Tür aufgemacht, und sie hat...

Angeführt! Angeführt!
Sie hat gelacht. Die Lehrerin hat nicht geschimpft.
Sie hat nämlich auch gerne Quatsch gemacht.

3 Eine Hasengeschichte

Drei Hasenkinder sind bis vor den Fuchsbau gehoppelt.
Sie wollten den Fuchs tüchtig ärgern und dann, wenn er aus seinem Loch herauskommen würde, wollten sie weglaufen. Natürlich.
Das erste Hasenkind hat vor dem Fuchsbau gerufen:
»Komm heraus, du böses Tier!
Niemand hat hier Angst vor dir!«
Das zweite Hasenkind hat gerufen:
»Du gemeiner Hasenfresser!
Gänse schmecken doch viel besser!«
Das dritte Hasenkind hat gerufen:
»Du Lump! Du Schlimmer, zeig dich doch!
Sonst kommen wir zu dir ins Loch!«
Danach haben die Hasenkinder gewartet. Aber der Fuchs ist nicht gekommen.
Da sind die Hasenkinder noch frecher geworden.
Sie sind in das Fuchsloch gekrochen und haben drinnen einen unbeschreiblichen Krach gemacht.
Sie haben mit ihren Hasenpfoten getrommelt, so laut und so stark, daß die Erde gebebt hat.
Aber dann, als sie damit aufgehört hatten, in dem Moment ist der Fuchs wütend aus . . .

Angeführt! Angeführt!
In dem Moment ist der Fuchs wütend aus einem Gänsestall weggelaufen. Er ist gar nicht zu Hause gewesen, als die Hasen so frech zu ihm waren.

# 4 Eine Luftballongeschichte

Ein Vater hat seinem Kind einen Luftballon mitgebracht. Das Kind hat sich gefreut, und es hat zwei dicke Backen voll Luft in ihn hineingeblasen. Aber der Luftballon ist nur so groß wie eine Apfelsine geworden.
»Er soll größer sein«, hat das Kind sich gedacht, »so groß und so rund wie ein Kohlkopf.«
Es hat noch einmal hineingeblasen, und der Luftballon ist so groß wie ein Kohlkopf geworden.
»Er soll größer sein«, hat das Kind sich gedacht, »so groß und so rund wie ein Fußball.«
Es hat noch einmal hineingeblasen, und der Luftballon ist so groß wie ein Fußball geworden.
»Er soll noch größer sein«, hat das Kind sich gedacht, »so groß und so rund wie die Sonne.«
Es hat sich angestrengt – gaaaaanz tiiiiief Luft geholt, hineingeblasen, und der Luftballon ist . . .

Angeführt! Angeführt!
Der Luftballon ist nicht geplatzt. Er ist dem Kind aus der Hand geflutscht, und er ist pfffffffffffffffff wieder so klein und so schlapp geworden, wie er vorher ohne Luft war.

5 Eine Autogeschichte

Ein Junge ist mit seinem Auto gefahren. Da ist ein Mädchen gekommen. Es wollte sehr gerne mitfahren. Der Junge hat angehalten und zu dem Mädchen gesagt:
»Steig ein, ein Platz ist frei.«
Das Mädchen ist in das Auto gestiegen, und die beiden sind weitergefahren. Dann ist ein Hund gekommen. Er wollte auch gerne mitfahren. Der Junge hat zu dem Mädchen gesagt:
»Du mußt den Hund auf den Schoß nehmen.«
Das hat das Mädchen getan, und die drei sind weitergefahren. Da ist eine Katze gekommen. Sie wollte auch gerne im Auto mitfahren. Der Junge hat zu dem Hund gesagt:
»Du mußt die Katze auf deinen Schoß nehmen.«
Das hat der Hund getan, und die vier sind weitergefahren. Da ist ein Igel gekommen. Er wollte auch gerne mitfahren. Der Junge hat zu der Katze gesagt:
»Du mußt den Igel auf deinen Schoß nehmen.«
Das hat die Katze getan, und die fünf sind . . .

Angeführt! Angeführt!
Die fünf sind nicht weitergefahren. Der Igel hat so gepiekt, daß die Katze aus dem Auto gesprungen ist. Der Hund und das Mädchen sind auch rausgesprungen. Da hat der Junge zu dem Piekigel gesagt: »Dann fahren wir beide alleine.«

 Eine Waschgeschichte

Eine Katze ist zuerst wach gewesen an einem sonnigen Maitag. Sie hat sich gereckt und gestreckt, und dann hat sie Katzenwäsche gemacht.
Der Bäcker ist wach geworden und hat Bäckerwäsche gemacht.
Der Onkel ist wach geworden und hat Onkelwäsche gemacht.
Die Tante ist wach geworden und hat Tantenwäsche gemacht.
Der Hund ist wach geworden und hat Hundewäsche gemacht.
Der Vogel ist wach geworden und hat Vogelwäsche gemacht.
Das Kind ist wach geworden und hat . . .

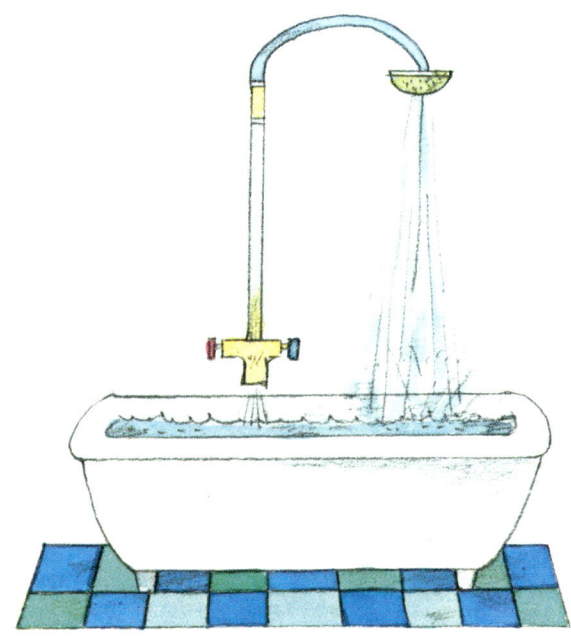

Angeführt! Angeführt!
Das Kind hat auch Katzenwäsche gemacht. Es wollte ganz schnell nach draußen.

7 Eine Reimgeschichte

Eine Mutter ist mit ihrem Kind in der Küche gewesen. Die Mutter hat Milch auf dem Herd gekocht, und das Kind wollte während der Zeit ein Spiel machen. Die Mutter hat immer ein Wort gesagt, und das Kind hat dazu einen Reim gesucht.
»Der Ball«, hat die Mutter gesagt.
»Der Knall«, hat das Kind laut gerufen.
»Die Vase«, hat die Mutter gesagt.
»Der Hase«, hat das Kind laut gerufen.
»Der Witz«, hat die Mutter gesagt.
»Der Fritz«, hat das Kind laut gerufen.
»Der Himmel«, hat die Mutter gesagt.
»Der Schimmel«, hat das Kind laut gerufen.
»Das Haus«, hat die Mutter gesagt.
»Die . . .

Angeführt! Angeführt!
»Die Milch!« hat das Kind laut gerufen, »die Milch kommt aus dem Topf!«
An die hatte die Mutter überhaupt nicht mehr gedacht, weil ihr das Spiel so viel Spaß gemacht hat.

 Eine Bachgeschichte

Ein Hase, ein Eichhörnchen, ein Reh und ein Wildschwein haben im Wald zusammen gespielt. Sie haben sich hinter Bäumen versteckt, sie haben sich auf dem Moos gewälzt, und sie sind über Äste gesprungen. Davon ist ihnen sehr warm geworden, und sie wollten sich gerne ein bißchen erfrischen. Sie sind im Wald hin und her gerannt, und sie haben dann einen Waldbach gefunden. Doch zum Baden war das Wasser zu flach.
»Aber es reicht, um den Schwanz einzutauchen«, hat das Wildschwein gesagt, »das erfrischt uns genug.«
Zuerst hat das Wildschwein seinen grauschwarzen Wildschweinschwanz in das Wasser getaucht.
Dann hat das Eichhörnchen seinen buschigen Eichhörnchenschwanz in das Wasser getaucht.
Dann hat der Hase seinen puschligen Hasenschwanz in das Wasser getaucht, und dann hat das Reh seinen zierlichen . . .

Angeführt! Angeführt!
Es hat seinen zierlichen Rehvorderfuß in das Wasser getaucht, weil das am einfachsten war. Aber erfrischt haben sich alle. Das Wildschwein, das Eichhörnchen, der Hase und das Reh ganz zuletzt auch.

9 Eine Birnengeschichte

Ein Kind hat vor einem Birnbaum gestanden.
Der Baum ist viel höher als das Haus, in dem das Kind gewohnt hat, gewesen.
Das Kind wollte die Birne sehr gerne haben, die oben in der Baumspitze hing. Es hat eine Leiter aus dem Schuppen geholt, und es hat sie an den Baumstamm gestellt.
Dann ist es auf der Leiter bis zu den dicken Ästen gestiegen. Das Kind hat sich gut festgehalten, und es ist nun von Ast zu Ast geklettert, immer höher und höher.
Wenn es nach unten auf die Erde geguckt hat, ist ihm ganz schwindlig geworden. Darum hat es lieber hinauf zur Baumspitze gesehen. Die Birne ist jetzt schon ganz nahe gewesen. Das Kind hat sich an einem Zweig festgehalten, um sie endlich abpflücken zu können. Aber der Zweig hat geknackt, geknackt und gekracht, und dann ist er abgebrochen.
Das Kind hat geschrien, und es ist...

Angeführt! Angeführt!
Das Kind ist aufgewacht. Es hatte nur geträumt, daß es hoch oben im Baum war.

10 Eine Hundegeschichte

Ein Mann hat seinen Hund in eine andere Stadt gebracht und dort verkauft. Dem Hund hat es in der Stadt gar nicht gefallen. Er wollte nach Bellau zurück, dorthin, wo er vorher gewohnt hatte. Der Hund hat Tag und Nacht nur gejault, bis er endlich weglaufen konnte.
Er ist gerannt und gerannt.
Es ist Abend geworden, es wurde Nacht und wieder Morgen.
Der Hund ist gerannt und gerannt.
Endlich, um sieben Uhr früh, ist er nach Bellau gekommen. Er hat den Bahnhof erkannt und ist weiter gerannt. Er ist über den Marktplatz gelaufen, den Bellauberg hoch, rechts um die Ecke herum, und dann war er schon in der Straße, in der er gewohnt hatte. Er ist an dem Milchladen vorbeigerannt, an den drei großen Bäumen, und dann war das Haus schon zu sehen, in dem der Mann, der ihn verkauft hatte, gerade sein Frühstücksei aß. Jetzt ist der Hund noch viel schneller gerannt, und im Nu war er dann vor der Tür. Die Haustür hat offen gestanden, und der Hund ist . . .

Angeführt! Angeführt!
Der Hund ist schnell weiter zum Nachbarn gelaufen. Nie wieder wollte er zu dem Mann zurück, der ihn verkauft hatte. Und der Nachbar hat auch immer viel bessere Knochen für ihn gehabt.

11 Eine Eßgeschichte

Ein Kind hat sehr großen Hunger gehabt.
Es ist alleine zu Hause gewesen, und es hat nachgesehen, was die Mutter zum Essen da hatte.
Das Kind hat ein Schälchen mit Pudding im Kühlschrank gefunden, und es hat diesen Pudding gegessen.
Das Kind hat Bananen in einer Tüte gefunden, und es hat die Bananen auch noch gegessen.
Das Kind hat Schokolade in einer Schublade gefunden, und es hat die Schokolade gegessen.
Das Kind hat Erdbeeren in einem Körbchen gefunden, und es hat die Erdbeeren auch noch gegessen.
Das Kind hat Negerküsse in einer Schachtel gefunden, und es hat . . .

Angeführt! Angeführt!
Es hat gesagt: »Jetzt kann ich nicht mehr, jetzt bin ich satt.«

 Eine Ziegengeschichte

Ein Ziegenkind ist auf einen Berg geklettert, obwohl es das nicht allein sollte. Da ist ein Wolf gekommen. Der hat die Ziege gesehen und sich gedacht:
Aha, eine Ziege!
Er ist auch auf den Berg geklettert.
Das Ziegenkind hat gemerkt, daß der Wolf hinter ihm her war. Es hat große Angst gehabt und ganz ängstlich gemeckert: »Määäh! Määh!«
Der Wolf ist immer näher gekommen.
Das Ziegenkind ist noch höher geklettert, ganz hoch, bis auf die Bergspitze hinauf.
Der Wolf ist auch bis auf die Bergspitze geklettert. Er hat ganz dicht vor der Ziege gestanden, und die Ziege konnte jetzt nicht mehr weglaufen.
»So«, hat der Wolf zu der Ziege gesagt, »jetzt fresse ich . . .

Angeführt! Angeführt!
»Jetzt fresse ich Bergspitzengras«, hat der Wolf zu der Ziege gesagt, »ich mag nämlich kein Fleisch.«

13 Eine Mantelgeschichte

Ein Mann, der Herr Reichlichgeld hieß, hat immer aufgepaßt, daß er zu jeder Zeit auch das Richtige tat. Im Frühling hat er seinen Frühjahrsmantel getragen und einen Frühlingsspaziergang gemacht.
Im Sommer hat er seinen Sommermantel getragen und einen Sommerspaziergang gemacht.
Im Herbst hat er seinen Herbstmantel getragen und einen Herbstspaziergang gemacht.
Im Winter hat er...

Angeführt! Angeführt!
Im Winter hat er seine Badehose getragen, weil er dann immer in Afrika war.

 Eine Anziehgeschichte

Ein Mann hat immer gestöhnt, wenn er sich anziehen mußte. Für ihn ist das schwere Arbeit gewesen, denn jedesmal, wenn er mit einem Stück fertig war, hat er gesagt:
»So, das wäre geschafft!«
Am Ostersonntag ist es genauso gewesen.
Er hat sein Hemd angezogen und gesagt:
»So, das wäre geschafft!«
Er hat seine Hose angezogen und gesagt:
»So, das wäre geschafft!«
Er hat den Sonntagsschlips umgebunden und gesagt:
»So, das wäre geschafft!«
Er hat seine Jacke angezogen und gesagt:
»So, das wäre geschafft!«
Er ist in den rechten Hausschuh geschlüpft und hat gesagt:
»So, das wäre geschafft!«
Er ist in den linken Hausschuh geschlüpft und hat gesagt:
» . . . «

Angeführt! Angeführt!
Er hat gesagt: »Was ist denn das?«
Im linken Hausschuh haben drei Ostereier gelegen.

15 Eine Storchengeschichte

Auf einem Dach in einem ganz großen Nest haben Storcheneltern mit ihren Kindern gewohnt. Als sie groß genug waren, haben die Eltern gesagt:
»Heute lernt ihr nun fliegen.«
Die Mutter hat es ihnen gezeigt. Sie hat mit den Flügeln geschlagen, sie ist auf dem Dachfirst hin und her gehüpft, sie ist höher gesprungen, und dann ist sie – djum – hinunter zur Wiese geflogen.
Die Storchenkinder hatten zuerst etwas Angst. Aber der Vater hat zu ihnen gesagt:
»Wenn ihr fliegt, bekommt jeder von euch einen Frosch. Klapperrita fängt an, dann fliegt Klapperrolf und zuletzt Klapperralf.«
Jetzt wollten die Storchenkinder doch fliegen lernen.
Klapperrita hat mit den Flügeln geschlagen, sie ist auf dem Dachfirst hin und her gehüpft, sie ist höher gesprungen, und dann ist sie – djum – hinunter zur Wiese geflogen. Danach hat Klapperrolf mit den Flügeln geschlagen, er ist auf dem Dachfirst hin und her gehüpft, er ist höher gesprungen, und dann ist er – djum – hinunter zur Wiese geflogen. Danach hat Klapperralf mit den Flügeln geschlagen, er ist auf dem Dachfirst hin und her gehüpft, er ist höher gesprungen, und dann ist er – djum – ...

Angeführt! Angeführt!
Dann ist er – djum – wieder ins Nest gehüpft. Aber der Storchenvater hat nicht geschimpft. Er hat gesagt: »Vielleicht traust du dich morgen zu fliegen.«

16 Eine Blättergeschichte

Einmal hat ein Kind Blätter gesucht.
Es ist im Park über den Rasen gelaufen und von einem Baum zu dem nächsten gegangen.
Unter der Birke hat das Kind Birkenbaumblätter gefunden.
Unter der Linde hat das Kind Lindenbaumblätter gefunden.
Unter der Eiche hat das Kind Eichenbaumblätter gefunden.
Unter der Kastanie hat das Kind Kastanienbaumblätter gefunden, und unter der Tanne hat das Kind...

Angeführt! Angeführt!
Unter der Tanne hat das Kind eine Glasmurmel gefunden. Das Kind hat sie in seine Hosentasche gesteckt und mit nach Hause genommen.

17 Eine Fliegengeschichte

Ein Großvater hat im Wohnzimmer eine Fliege gejagt. Er ist mit der Fliegenklatsche immer dahin gelaufen, wo die Fliege sich hingesetzt hat.
Zuerst hat die Fliege an der Schranktür gesessen.
»Jetzt kriege ich dich«, hat der Großvater gesagt, und er hat mit der Fliegenklatsche geschlagen.
Aber die Fliege ist ihm entwischt.
Sie hat sich nun auf das Sofa gesetzt.
Der Großvater ist zu dem Sofa gelaufen, und er hat gesagt: »Jetzt kriege ich dich.« Und er hat mit der Fliegenklatsche geschlagen. Aber die Fliege ist ihm entwischt.
Dann hat die Fliege sich auf den Tisch gesetzt.
Der Großvater ist an den Tisch gekommen. Er hat gesagt: »Jetzt kriege ich dich.« Und er hat mit der Fliegenklatsche geschlagen. Aber die Fliege ist ihm entwischt.
Dann hat die Fliege sich auf die Blumenvase gesetzt.
Der Großvater ist zu der Blumenvase gelaufen. Er hat gesagt: »Jetzt . . .

Angeführt! Angeführt!
»Jetzt lasse ich dich«, hat der Großvater gesagt, »sonst geht mir die Vase kaputt.«

18 Eine Schuhgeschichte

Eine Frau hat zu ihren Kleidern immer passende Schuhe getragen.
Zum Einkaufen hat sie ein rotes Kleid und ein Paar rote Schuhe getragen.
Zum Zahnarzt ist sie im grünen Kleid und mit grünen Schuhen gegangen.
Beim Spazierengehen hat sie ein blaues Kleid angehabt und selbstverständlich auch blaue Schuhe.
Zum Kaffeeklatsch hat sie ein gelbes Kleid und ein Paar . . .

Angeführt! Angeführt!
Sie hat zu dem gelben Kleid ein Paar weiße Sandalen getragen. Die gelben Schuhe hat ihr brauner Dackel unter dem gestreiften Sofa versteckt.

19 Eine Mäusekindergeschichte

Eine Maus hat im Sommer Kinder gekriegt, fünf kleine Mäuschen.
Die Mäusemutter hat ihren Kindern Namen gegeben.
Das erste Kind hat sie Knabbereins genannt.
Das zweite Kind hat sie Knabberzwei genannt.
Das dritte Kind hat sie Knabberdrei genannt.
Das vierte Kind hat sie Knabbervier genannt.
Das fünfte Kind hat sie Knabber . . .

Angeführt! Angeführt!
Das fünfte Kind hat sie Knabbermäuschen genannt.
Die Mäusemutter hat nur bis vier zählen können.

20 Eine Apfelgeschichte

Zwei Kinder haben in einem ganz fremden Garten hoch oben an einem Apfelbaum vier knallrote Äpfel gesehen. Die Kinder haben gedacht:
»Die vier hat man vergessen zu pflücken. Aber jetzt sind sie schön reif, und sie schmecken sicherlich gut. Wir wollen sie holen, dann bekommt jeder zwei.«
Die Kinder sind durch die Hecke in den Garten gekrochen, und dann haben sie vorsichtig nach rechts und nach links geschaut. Es war aber niemand zu sehen.
Die Kinder sind zu dem Baum gerannt und haben versucht, ihn zu schütteln. Doch der Apfelbaum hat sich nicht schütteln lassen. Jetzt wollten die beiden hinaufklettern. Aber der Apfelbaum ist kein Baum zum Klettern gewesen. Da haben die Kinder Steine gesucht, und sie haben damit nach den Äpfeln geworfen. Aber die Äpfel sind nicht heruntergekommen. Nur der Mann ist gekommen, der, dem der Garten gehört hat. Er hat plötzlich im Garten gestanden und einen langen Stock in der Hand gehabt.
»He, ihr!« hat der Mann laut gerufen.
Die Kinder sind so erschrocken gewesen, daß sie nicht weglaufen konnten. Der Mann ist mit großen und sehr schnellen Schritten näher gekommen. Er hat seinen Stock durch die Luft zischen lassen und zu den Kindern gesagt:
»Wartet ihr beiden, ich . . .

Angeführt! Angeführt!
»Ich helfe euch«, hat der Mann zu den Kindern gesagt. Dann hat er mit dem Stock an die Apfelbaumzweige geschlagen, und die Äpfel sind auf den Rasen gefallen.

21 Eine Eisgeschichte

Ein Eismann ist mit seinem Eiswagen in die Schleckerstraße gekommen. Dort hat er mit seiner Eiswagenbimmel die Kinder aus den Häusern gebimmelt, und dann hat er gerufen:
»Heute ist es draußen heiß, kauft darum bei mir ein Eis!«
Vier Kinder sind zu dem Eismann gelaufen.
Das erste Kind hat dem Eismann Geld auf den Teller gelegt und Vanilleeis dafür bekommen.
Das zweite Kind hat dem Eismann Geld auf den Teller gelegt und dafür Fruchteis bekommen.
Das dritte Kind hat dem Eismann Geld auf den Teller gelegt und Schokoladeneis dafür bekommen.
Das vierte Kind hat dem Eismann . . .

Angeführt! Angeführt!
Das vierte Kind hat dem Eismann einen Kuß auf die Backe gegeben und dafür Eisdurcheinander bekommen. Der Eismann ist nämlich sein Vater gewesen.

22 Eine Reitergeschichte

Ein Reiter wollte mit seinem Pferd höher und weiter springen als alle anderen Reiter der Welt. Jeden Tag hat der Reiter sein Pferd von der Weide geholt und mit ihm geübt. Zuerst ist das Pferd mit dem Reiter auf seinem Rücken über niedrige Hecken gesprungen. Das hat dem Pferd Spaß gemacht, und der Reiter hat sich gedacht:
»Jetzt springt es auch über höhere Mauern.«
Der Reiter hat Mauern gebaut und versucht, mit seinem Pferd darüber zu springen. Zuerst wollte das Pferd nicht. Aber der Reiter hat keine Ruhe gegeben. Da hat das Pferd sich angestrengt und ist – hopp – über die Mauer gesprungen.
»Nun«, hat der Reiter gedacht, »springt es auch über den Wassergraben.«
Der Graben ist breit gewesen, und das Pferd hat Angst vor dem Wasser gehabt. Es ist nicht darüber gesprungen. Der Reiter ist wütend geworden, und er hat das Pferd mit den Stiefeln gestoßen.
»Spring!« hat der Reiter gerufen.
Das Pferd hat sich sehr, sehr angestrengt, und dann ist es – hopp – über den Graben gesprungen. Der Reiter hat zu dem Pferd gesagt:
»Na siehst du, so ist es brav. Jetzt springst du noch über den ganz hohen Balken.«
Der Balken hat auf zwei Pfählen gelegen, ganz hoch oben, so hoch wie das Pferd war. Der Reiter ist mit dem Pferd herangaloppiert. Aber das Pferd ist jedesmal vor dem Balken stehengeblieben. So hoch wollte es einfach nicht springen. Der Reiter hat laut geschimpft, er hat mit den Stiefeln gestoßen, und als das alles nichts half, hat er die Peitsche genommen.
»Spring!« hat der Reiter gerufen.
Das Pferd hat sich sehr, sehr angestrengt und dann . . .

Angeführt! Angeführt!
Dann hat das Pferd sich geduckt und ist unter dem Balken hindurchgelaufen. Der Reiter hat seinen Kopf an dem Balken gestoßen, und dann ist er auf seinen Reithosenboden ins Gras gefallen. Danach brauchte das Pferd nur noch über niedrige Hecken zu springen.

23 Eine Hausgeschichte

Ein Spatz hat den Star und dessen Frau in ihrem Starenholzhaus besucht.
»Euer Haus ist ja hübsch«, hat der Spatz zu den Staren gesagt, »aber ich weiß ein noch hübscheres Haus, das ganz unbewohnt ist.«
»Ist das wahr?« haben die Stare gefragt.
»Ja«, hat der Spatz gesagt, »und es liegt in einer herrlichen Gegend, ganz dicht am Wasser.«
»Ist das wahr?« haben die Stare gefragt.
»Ja«, hat der Spatz gesagt, »Mücken braucht ihr dort gar nicht zu jagen. Sie fliegen euch in den Schnabel.«
»Ist das wahr?« haben die Stare gefragt.
»Ja«, hat der Spatz gesagt, »und rundherum ist grüner Wald, es ist still dort und sehr erholsam.«
»Ist das wahr?« haben die Stare gefragt.
»Ja«, hat der Spatz gesagt, »und das Haus hat ein ganz spitzes Dach, interessant sieht das aus.«
»Ist das wahr?« haben die Stare gefragt.
»Ja«, hat der Spatz gesagt, »kommt mit mir mit, ich will es euch zeigen.«
Da sind die Stare mit dem Spatzen zusammen dorthin geflogen.
»Hier ist das Haus«, hat der Spatz gesagt, als sie da waren, und die Stare haben gesagt: »Ist das . . .

Angeführt! Angeführt!
Die Stare haben gesagt: »Ist das gemein, Spatz, na warte!«
Der Spatz, dieser freche, hatte die Stare zu einem Schneckenhaus hingeführt.

24 Eine Geburtstagsgeschichte

Ein Kind hat Geburtstag gehabt und sehr viele Geschenke bekommen. Das größte Geschenk ist ein Roller und das kleinste Geschenk ist ein Bleistiftanspitzer gewesen. Am Abend hat das Kind alle Geschenke in sein Bett mitgenommen. Zuerst hat es den Roller hineingelegt, dann das Feuerwehrauto, dann hat es das Springseil ins Bett gelegt, danach noch drei Bücher, dann eine Stoffkatze, zwei Tüten Bonbons und zuletzt den Bleistiftanspitzer. Als das Kind auch in sein Bett wollte, ist darin kein Platz mehr gewesen.
Da hat sich das Kind vor seinem Bett auf den Teppich gelegt. Aber es konnte und konnte nicht einschlafen. Auf dem Teppich vor seinem Bett ist es nicht weich genug und nicht warm gewesen. Das Kind hat den Roller aus seinem Bett genommen und sich selbst reingekuschelt. Jetzt hat es endlich warme Füße bekommen. Aber nun hat sich das Kind mit den Füßen in dem Springseil verheddert.
Da hat es das Springseil auch aus dem Bett geworfen.
Aber dann hat die Leiter vom Feuerwehrauto gekratzt.
Da hat das Kind das Feuerwehrauto auch aus dem Bett geworfen.
Aber dann haben die Bücher doch sehr gedrückt.
Da hat das Kind die Bücher aus dem Bett geworfen.
Aber dann hat der Bleistiftanspitzer gepiekt.
Da hat das Kind den Bleistiftanspitzer auch aus dem Bett geworfen.
Aber dann haben die Bonbontüten geraschelt.
Da hat das Kind die Bonbontüten auch aus dem Bett geworfen.
Aber dann hat die Stoffkatze miaut.
Da hat das Kind die Stoffkatze ...

Angeführt! Angeführt!
Das Kind hat die Stoffkatze gestreichelt.
»Nun wein doch nicht«, hat es zu ihr gesagt, »du darfst bei mir schlafen. Du bist so schön weich.«

25 Eine Turmgeschichte

Ein Kind hat mit Bausteinen einen sehr hohen Turm gebaut. Es hat abwechselnd rote, grüne, gelbe und blaue Steine genommen. Der Turm ist nicht nur hoch, sondern auch wunderschön bunt geworden.
Das Kind hat sich darüber gefreut, so sehr, daß es rund um den Turm herumgetanzt ist.
Da hat der Turm ein bißchen gewackelt.
Aber umgefallen ist er noch nicht.
Dann hat das Kind seine Mutter gerufen. Sie sollte den hohen und bunten Turm sehen. Die Mutter hat die Tür aufgemacht und den Turm richtig bewundert. Sie hat gestaunt und in die Hände geklatscht.
Da hat der Turm ein bißchen gewackelt.
Aber umgefallen ist er noch nicht.
Dann ist der Dackelhund in das Zimmer gekommen. Er hat den Turm angebellt. Ganz laut hat der Dackel gebellt.
Da hat der Turm ein bißchen gewackelt.
Aber umgefallen ist er noch nicht.
Dann hat der Hund den Turm rundherum beschnuppert, und der Turm hat ihm sehr gut gefallen. Der Hund hat sich gefreut und mit dem Dackelschwanz wild gewedelt, hin und her, immerzu.
Da hat der Turm ein bißchen gewackelt.
Aber umgefallen ist er . . .

Angeführt! Angeführt!
Aber umgefallen ist er nun doch.
Der Dackelhund ist vor Schreck aus dem Zimmer gelaufen. Doch das Kind hat gelacht und einen neuen Turm aufgebaut.

Zwei weitere liebenswerte Vorlese- und Erstlesebücher von Elisabeth Stiemert bei Gerstenberg

Die Sammelsuse

und zwanzig andere Vorlesegeschichten. Mit Bildern von Delia Helias.

Geschichten von den großen Kleinigkeiten des Kinderalltags. Einfühlsam geschrieben und anschaulich illustriert.

Warum der Fuchs auf Socken ging

Sechsundzwanzig klitzekleine Spaßgeschichten. Mit Bildern von Hermann Altenburger

Geschichten zum Lachen – klitzeklein, originell und prallvoll mit lustigen Bildern.